JN439282

겨울로 떠난 바다

유미선 시집

신아출판사

머리글

새벽녘 곤한 몸 깨어 하늘을 보니
별빛은 밤새 시린 겨울 창 밖에서
자랑처럼 지켰습니다.
어둠의 끝은 꿈처럼 보이질 않더니
이젠 빛이 보입니다.

끊임없이 확인하듯 별도 나도 지켜봅니다.
검은 고통 이겨낸 별!
참으로 감사해지는 새벽입니다.

태양빛에 떠난 푸른 별처럼
내 괴로운 의지와는 상관없이……

차례

제 1부

겨울편지

꽃잎

푸른 나비
부러진 날개로
꽃잎 눈물 안고

잠 못 드는 붉은 바다에
첫 입맞춤을

오늘도
망각의 강가엔
흰 꽃잎만 무심한데

환영처럼 떠오르는
그녀의 웃음소리는
청춘의 슬픈 향기인가

이젠 내겐 다시는 오지 않을
청춘의 태양은
神의 잔인한 반란처럼
어느별의 가슴에
또다시
붉게 떠오르는가!

임마중 〈I〉

길섶은 푸르고
갈 길은 먼데

검은 살모사
지천을 덛트며
갈고 다니고

들꽃은 발아래
숨 죽나니

임 보러 가는 이 길
아득히 멀다

노을연가

회색빛 회한

힘없이 바라본
눈물빛 바다

헝클어진 하얀 귀밑머리에
맴도는 바람의 통곡

겨울편지 〈Ⅱ〉

밤새 술마시고
미쳐가는 칼바람 속을
맨발로,

잊혀진 상처 안은
검은 어둠 속

세찬 바람에게 중얼거린다

"걷자"

그 섬엔 새가 없다

검은 바다 하얀 섬
새는 살지 않는다

아픔뿐인 별들은
바다에 하얗게 누운
병든 등대를 보았고

가로등도 없는 저녁 녘
돌보지 않는 아이처럼
버려져 덩그렇게 누운
녹슨 굴삭기에

피가 뚝뚝 떨어질듯
찢겨져 내팽개쳐진
짝 잃은 코팅장갑은
꿈을 노래한다

그 섬에 가는 길은
말 못하는 슬픈 단어
쓰러진 바다

菊 향

초가을 빛그림자 하늘 상념 베어문
보랏빛 찬바람에 흔들리는 꿈의 계절

찬여울에 몸담는 여름날의 몽환은
괴로운 지필묵향에 왼종일 피고이고

검붉게 타버린 지붕 위의 바이올린
활과 함께 날아간
슬픈 그림 같은 마을 어귀 둥둥 떠다니는
숙녀의 가을 동화

마디마디 공이 배긴
옥 같은 누이의 손끝에
활시위 쥐어주면

어느새 향기 곱게 마음밭에 내려앉아
자릿한 저 문밖에 가을인사 은은하오

바다의 봄

바다의 창백한 입맞춤에
동백 꽃잎 붉어질 때

봄날의 목숨 같은 태양은
핏빛 자목련의
얼어붙은 뒷모습

슬픈 하늘가의
뜨거운 눈물은

저 붉은 바다에
말없는 통곡처럼

서러운 봄날
아픈 꽃잎 질 때
또다시 눈뜨는
비감어린 生의 바다

염원

들녘의 날갯짓에
휘청대는 산허리

이 땅에 괴롭게 죽어간
사람들이여
평안하라!

꽃들은 방황 속에
피고 또 지어

들녘의 겨울나비
찬바람 향해
숨 멎을 듯 날아오르고

한겨울 갈 수 없는 계절 속에서
끝없는 태양의 잉태를 꿈꾸는
너희들이여
영원하라!

겨울 편지

하얀 눈밭에
야윈 새는 아프다

무심한 태양의 기억 안고
꿈같이 살다간
시든 꽃의 허무함을
사랑함은

긴 방황 끝에
꿈같이 서 있는
하얀 나무 십자가

겨울새는
눈물 같은 生의 향기에
긴 편지를 쓴다

태양의 나라

불나비처럼
활활 타올라라
붉은 붉꽃 나무여!

짧은 순간 피었다
지는 꽃잎

젊은 날의 목숨 같은
순결한 나의 신부여!

너 없이 어찌 살까
눈물의 뒤안길
연모의 정에

몹시도 흔들리는
성모의 연인

긴 생이 다하도록
눈부신 빛 가운데
서 계시는
성모에의 보속

꿈

밤새 노을빛 꿈을
노래하는
길 잃은 아이

한여름
태양을 향해
걸어간 아이

산 위엔 거대한
바다가 출렁이고

그 위를 맨발로 홀로 걷는
소년의 꿈의 바다가
서서히 서쪽을 향해
사라지고 있었다.

붉은 별

진저리쳐진
잔인한 기억

4月의 눈물

슬픔의 대지를
감싸안은
따뜻한 혼백

랜의 애가

얼어붙은 혼이 깃든
깊은 산의 아픔

비취빛 일렁이는 겨울 파도는
하늘로 떠나는 神의 발자욱

애타는 엄마의 빨간 사랑은
잿빛 하늘에 타오르는 불기둥
잠든 아가의 황금빛 꿈의 궁전

겨울연가

항상 깨어있어 더 외로운
겨울 하늘에 핀 붉은 꽃 같은
태양이여!

차갑게 깨어 있는
나의 심장에 슬픈 입맞춤을……

검은 눈동자

초가을 새벽녘
외로이 떠난 오솔길에
겨울이 오는 소리

밤새 숨어 핀
이슬 머금 흰초롱 꽃
가는 바람에도
온몸 떤다

뜨거운 태양 향해 걷던
주홍빛 독백
하얗게 지쳐가고

저녁이 오는 길목에
노을빛 은여울이
어둠 속 검은 눈동자에
별처럼 타오른다.

남자의 겨울

고갈된 바다 안고
시린 마음 지우려
꽃바다에 눕다

겨울 저녁 창가에서

마른 풀잎
향기 가득한 갈대숲

시인의 집엔
노을이 켜진
작은 램프

낡은 이젤과
펜의 향기

변치 않는
맑고 수고로운 계절이
둥글게 머물다 가는 자리

에덴의 동쪽

하루종일
술독아지 달고 사는
신비하게 푸른빛을 보았는가

한치도 내다볼 수 없는 막막한 생은
신의 완벽한 장난

칼바람 앞에 무릎 꿇고
꽃피우려 떨고 있는
하얀 십자매의 발톱에 찍혀
창백한 날이면

떨어져 나뒹구는 싸늘한 낙엽의
다 타버린 사랑

피로 점령한 슬픈 궁전의
빛나는 황금면류관은
어느 왕조의 마지막 전설이던가!

봄날의 연가

늙은 노파의 회한의 눈빛 위한
별의 눈동자

나는 너를 왜 이리 사랑하는지
작고 여린 꽃송이에
눈 떼지 못하고

다시는 볼 수 없는
바다처럼

작은 꽃들의 인사속에
그대는 쳐다볼 수 없이
높이 뜬 별이 되어

이 모든 괴롭고
얼어버린 현실 속에
뜨겁게 심장 타올라

봄날
초록 향기에 취해
잠시 괴로움
잊었다

7月〈I〉

태양은 여전히 빛을 내고
生은 돌보지 않아도
꽃은 피고 지는데

꿈같이 잠든 날에도
고통은 찾아와
별들은 제 궤도를 찾지 못하고

밤비 내리는 하늘 계단
오르내릴 제

꽃들의 고향에는
큰 바다가 숨어 피어
죽도록 아름다웠다

혼불

바람은
하늘끝에서
내려와

시인의 선영산에
검푸르게 넘실대는
연꽃바다

죄없는 혼령
환생한 별처럼
하늘에 누워
불꽃 춤추는

봄밤
타오르는 꿈처럼

슬픈 아름다움

리본

하루종일 바다를 그리워했던
분홍 고무신
반짝이는 뒷머리엔
노란 리본이……

젊은 날의 잠시의 기억처럼
고운 자태

세월의 시림에
검게 탄 가슴 안고

해 질 무렵
푸른등 속으로
흔들리듯 사라지는

빛바랜 노란 리본

5月의 아침

실낱같은 두 눈
독사같이 뜨고

동녘에
가득한
태양빛에
비틀거린다

어디라도 가서
꽃의 향기에 취해
희망 없는
몽환적 마니주를……

핏빛 태양 비웃듯
울꺼나 웃을꺼나

태양과 이별하는
5月의 아침에는

붉은 침묵의 별

창공 꼭대기에
크고 검은 새 앉았다

들녘은 온통 타들어가고

검은 새 부리에
가슴 찢겨
창백한 날이면

차가운 계곡쯤에 핀
흰 나리꽃

망자의 한
달랜다

태양과 목마

태양의 가는 길엔
신비한 방울소리

고독한 그 길 위엔
타오르는 붉은 심장

상처로 얼룩진 태양의 어깨 위엔 언제나
하늘로 떠나는 신비한 방울소리……

겨울여자

또다시
영원한 향기로 태어날
성자의 꿈처럼

태양을 삼켜버린
겁도 없는 여자

6月 흰나비

얼어붙은 겨울 길목
이해 못할 병마처럼

도무지 갈 수 없는
나라

청춘연가

상처로 뒤덮인 하얀 새
헛된 상념,
영원한 방황에의 채찍

겨울편지 Ⅱ

흰 꽃잎 얼어붙은
영혼의 강

발자욱

깊은 가을
지친 고갯길

병든 사제
돌아오는 길목

새가 운다

향수

어머니 무덤가에
꽃향기 찾아 떠도는
한겨울 흰 나비

무제

별들이 쓰러진다
잔인하게 아픈
눈물 빛깔처럼

여인의 향기

그대 사막을 걸을 때,

그대 무덤가
풀줄기에 스치는
바람처럼,

향기 없는 꽃 질 때
가슴에 품고
우는,

7月 〈Ⅱ〉

거부할 수 없는 계절

그림자도 없이 떠난 님

잊혀진 꿈과 함께 돌아와

다시는 돌아갈 수 없는

아름다움이 되어 서 있다

태양의 굴레

봄날의 몽환같이
6月의 붉은 바다에
또다시 떠오르다

겨울 흰장미

새벽녘 찬서리에
얼어붙은 꽃잎

강바람 아침 햇살에
반짝이며
애처롭게 흔들린다

그 여자의 젯상

정구지에 막걸리 한사발
맛나게 비우고

맑은 하늘가에
편히 잠들다

양들의 침묵

수없이 채찍에
넘어지고 넘어져도

또다시
일어서는

언젠가
세상 끝나는 날

일제히 날아오르는
흰 비둘기처럼

천상을 향해 걷는 흰 무리

그해 서울

첫 새벽부터
별이 뜬다

이름도 구차하여
부르지 않고

한나절
아름다움
빛으로
가라앉고

겨울에도
얼지 않은 마음 하나 의지해
밤도 낮도 없이 뒤섞여

차가운 그 거리
눈물이다 눈물이다

모멸진 사랑만이
상처로 식어간다

태양병

검은 어둠 속
끊임없는
빛의 몸부림

겨울 정오

가리워진 달빛
거리를
떠돌고

달무리
마중가다

겨울비 내리는
추적한 길모퉁이에서
마음 산란하다

겨울 성자

겨울에만 피는
푸른 장미

한밤중에도 깨어
푸른 향기 뿜는다

다가올
잔인한 4月

그대들의 꿈을 위해
별들의 봄을 위해

순결한 영혼 봉헌되는
겨울이란 계절의
속죄제

어떤 사랑

다시는 태어나고 싶지
않았기에

세상 모든 것 사랑했다

겨울 연가 〈Ⅱ〉

임 그리다
울며 잠든 밤

꿈속에 핀
보랏빛 들국화처럼

바다로 떠나버린
내 사랑아!

美人

타오르는 빛의 정오
하늘은
끔찍히 두려운
무지갯빛 불새

어두운 밤하늘
잔인한 독사처럼

얼어붙은 강바닥에
내팽겨쳐졌다

10月

실눈 뜨고
바라본 창공은

실오라기 하나
걸치지 않은
숙연한 운명

햇살은
둥근 꽃화관을 쓴 연인처럼
모든이의 가슴에
설레이며 타오른다

10월의 어느 멋진 날에

무지갯빛 햇살 속
영원을 걷고 있네

시간의 굴레

사랑이란 빌미로
차업 붙인 生

무상의 굴레를 돌아
다시는 갈 수 없는 나라

무제

이 세상
아름답지 않은 것은
슬프다

아름다운 것은
더 슬프다

별이 뜨고 지는 자리

시골 촌구석
술파는 계집의
싸디싼 웃음소리

차가운 영혼 위에 뜬 달

엄마 죽은 고향집
떠돈다

바다! 그 멀고 먼 고향〈I〉

고통과 심연을 걷고
언젠가는 우리 모두 가야 할
두려운 아름다움

바다! 그 멀고 먼 고향 〈Ⅱ〉

살아서 괴로운 자
죽어서 괴로운 자

평생
집 한칸 없이
객지를 떠도는
거렁뱅이 상거지

길섶의 앉은뱅이
한숨도 알아주는

사랑도 미움도
짧은 순간의
生을 살아

가고파 몸부림치는
나라

미인도

바람 한가운데
겨울새 모여 떤다

하늘은 이미 타락했고
끔찍히 얼어붙은 봄

오늘도 어김없이
뜨는 태양은

끝없는 빛의 잉태를 꿈꾸는
모든 신의 단죄

패러 독스

무섭게 독한
이율배반

철저히 버림받은
검은 혼령의
암적 실체

에델바이스

촛불처럼
기도처럼

망각의 봉오리
윤회하는

겨울 수호천사

사십아홉 해의 봄

신병에 뒤틀린,

망각의 계절을 위한
세레나데

11월의 반란

누가
무섭게 아름다운
대숲 사이로 드러난
짙고 푸른
초저녁
겨울 하늘을
보았는가!

향수 〈Ⅱ〉

은하수 강가에서
지상의 슬픈 기억
그리움되어 우는
혼을 위한
세레나데

붉은 관(棺)

터질 것 같은
빨간 사랑은
거짓처럼
바다에 던져질
불못

혼꽃

말라버린 여름 가뭄
밤새 붉은 집에는
분홍 불꽃 타오르고

채워도 채워도
족할 수 없는
영욕과 탐욕의 세월

어느 가을날
기억과 상념으로
불탄다

6月의 밤

촛불 무심히 켠 날

발목까지 차오른
달무리 위로

꽃비 흩날린다

별들의 고향

안개빛 덩굴장미
감싸안은
그림자도 없는
5月

꿈속에 그리던 고향집
병든 노모의 기침소리

맨발로 줄을 타는
어릿광대의 천진한 미소는
가슴속 시린 사랑

새벽녘에는 바다가
하늘을 뒤덮고 있었다

추억

다시는 오지 않을
젊은 날의 방황처럼

고뇌로 떠간다

불새

분노의 구름 끼어
암울한 날

하늘에 휘몰린
실낱같은 목숨

가슴에 파닥이는
붉은 불꽃

이제 막 날아올라
하늘 끝에 섰다

적도연가

뜨거운 정오
강열한 태양빛은
천지를 뒤덮어
열기는 끝이 없다

저녁놀 지는 바닷가를 거니는
아름다운 자태

빛나는 검은 눈동자
찰랑이는 긴머리 위엔
꽃잎 화관이

터질 듯 미소짓는 붉은 입술에
곱게 드러난 하얀 이가
어여쁘구나

끝없이 푸른 바다는 가슴이 뛴단다

사무치는 태양의 사랑 닮아
마음도 향기로운 꽃이여!

유리하는 별

어둠이 내린 밤

소주잔에 비친
반짝이는
검은 눈동자

슬픔은 하늘인데
방황은 가슴인데

빛을 잃고 헤매는
버려진 그대들은
눈물이다

잔인한 사랑의
지독한 몸부림이다

언젠가
아름답게 비춰질
그날을 위해……

호숫가 연정

쓰러진 빛의 바다 위해
먼저 산 위를
걸어간 사랑

비 오는
가을 강가를
온통 헤매인 여자

그리움이 다한 길목에서
지친 목소리로
부르는 노래

그날

깊고 그윽한
검은 눈동자

바람 불고
추운 그날

내 손 붙잡고
눈물로 이별했지

밤새
잠 못 이루고
붉은 새는 하늘로 파닥이고

아름다움을
탐닉하는 내 혼령

한밤중 들녁을
어지러이
헤매였다

오사카의 깊은 밤

흔들리는 별빛 강가에
눈물 같은 가로등

검은 상처의 밤
꿈의 뮤즈에
타오르는 검은 눈동자의 부르스

안개 낀 카페
독한 술에 취해 부르는

비 내리는 오색 등불 아래
속절없는 사랑

꿈에 본 붉은 장미
바람에 시들어가는
그 거리에 깊은 밤

젊은 날의 초상

바람도 감미로운 6月
어느 개인 아침

흰 비둘기는 햇빛 받은 가슴에
둥근 원을 그리는 작은 꽃

이룰 수 없는 연정에
붉은 상사화 피는 언덕

젊은 날의 뒤안길
홀로 걷는 어둠 속 긴 그림자

큰 희생의 生
아름다운 목숨의 봉헌
축복받은 슬픔의 그대

야윈 어깨 위로
아까시아 꽃잎만 흩날리는데

또다시 태양을 향해 떠나는
먼 여정의 귀로에 서서

이별의 슬픔에 목메어 우는
하얀 치자꽃 연가

겨울 소나기

흰 뼛가루
강바람에
날리고

영원한 빛의 바다로
돌아가는
한 사람아!

제 2부

빛속에서 영원히

목숨

억겁의 윤회를 돌아
피 토하는 울음처럼

영원을 향해 타오르는
슬픈 아름다움

유미선 시집

겨울로 떠난 바다

인　　쇄 | 2012년 5월 5일
발　　행 | 2012년 5월 10일

지 은 이 | 유 미 선
발 행 인 | 서 정 환
발 행 처 | 신아출판사

출판등록 | 1984년 8월 17일 제28호
주　　소 | 전주시 완산구 태평동 251-30
전　　화 | Tel. 063-275-4000, 063-252-5633
팩　　스 | (063) 274-3131
E-mail | shina321@chol.com
sina321@hanmail.net

값 7,000원

ISBN 978-89-5925-012-7 03810

* 저자와 협의, 인지는 생략합니다.
* 잘못된 책은 바꿔드립니다.